Ministério da Cidadania apresenta

LEI DE INCENTIVO À CULTURA

PROJETO PRÓ-BIBLIOTECA 2018
PRONAC 181400

Produção
L&PM EDITORES

Realização
MINISTÉRIO DA CIDADANIA
PÁTRIA AMADA BRASIL
GOVERNO FEDERAL

Um Elefante no Nariz

Texto de acordo com a nova ortografia.

1ª edição: maio de 2000
7ª edição: novembro de 2011

Projeto gráfico e ilustrações: Alcy Linares
Revisão: Renato Deitos

ISBN: 978-85-254-1015-3

C247e Capparelli, Sérgio, 1947-
Um elefante no nariz / Sérgio Capparelli; ilustrações de Alcy Linares – 7 ed. – Porto Alegre: L&PM, 2011.
40 p. ; 23 cm

1. Literatura infantil-poemas. 2. Linares, Alcy, il.
I. Título.

CDD 028.5
CDU 087.5

Catalogação elaborada por Izabel A. Merlo, CRB 10/329.

Rua Comendador Coruja, 314, loja 9 – Floresta – 90.220-180
Porto Alegre – RS – Brasil / Fone: 51.3225.5777 – Fax: 51.3221.5380

PEDIDOS & DEPTO. COMERCIAL: vendas@lpm.com.br
FALE CONOSCO: info@lpm.com.br
www.lpm.com.br

Impresso no Brasil
Primavera de 2011

Sérgio Capparelli

poemas

Um Elefante no Nariz

desenhos

Alcy

L&PM EDITORES

Os poemas

Um elefante no nariz 8
Nada se perde 9
Zanzibar 10
Ana 12
A lua 13
Crocodilo 14
De verdade, hein! 16
Fico cheio de tremeliques 17
Quando eu era pequenino 18
O louco da Redenção 20
Três portas 22
A gosto 23
Flor amarela 24
As ovelhinhas 25
A menininha 26
Bia e Pio 28
Um ovo 29
Catando marinheiros 30
Menino irritado (muito irritado) 34
Paisagem 35
Traças de regime 36

Um elefante no nariz

Se acha perigoso
Um elefante no nariz,
Pense bem:

Muito pior
Quando ele perde o equilíbrio
E solta um pum.

Nada se perde

Um globo
De óculos
Vira *glóbulos.*

Um lobo
De óculos
Vira *lóbulos.*

Um óculos
De óculos
Vira *binóculos.*

Zanzibar

Meu cavalinho,
de Zanzibar,
vem zanzando,
zunindo no ar.

Pula pedra,
bacia e jirau,
sobe a escada,
num cavalo de pau.

Pula a janela,
o vaso, a hera,
atravessa o outono,
vem à primavera.

Pula cachorro,
pata, galinha,
onça, leão,
bagre e sardinha.

Varal de roupa,
calça, lençol,
e pula a casa
de um caracol.

A Praça da Sé,
Maceió, Salvador
e Rio de Janeiro
com o Redentor.

A lua minguante
com dor de dente,
o cruzeiro do sul
e o sol poente.

Mas tromba feio
com a estrela polar
Meu cavalinho,
de pernas pro ar.

Ana

Ana tem
um gato
no sapato,
um dromedário
no armário,
dois coelhos
no espelho
e marca de giz
bem na ponta
do nariz.

Ana tem
ventarola
na camisola,
um querubim
no jardim,
um elefante
na estante
e marca de giz
bem na ponta
do nariz.

Ana tem
pé de figo
no umbigo,
uma girafa
na tarrafa,
uma galinha
na cozinha
e marca de giz
bem na ponta
do nariz.

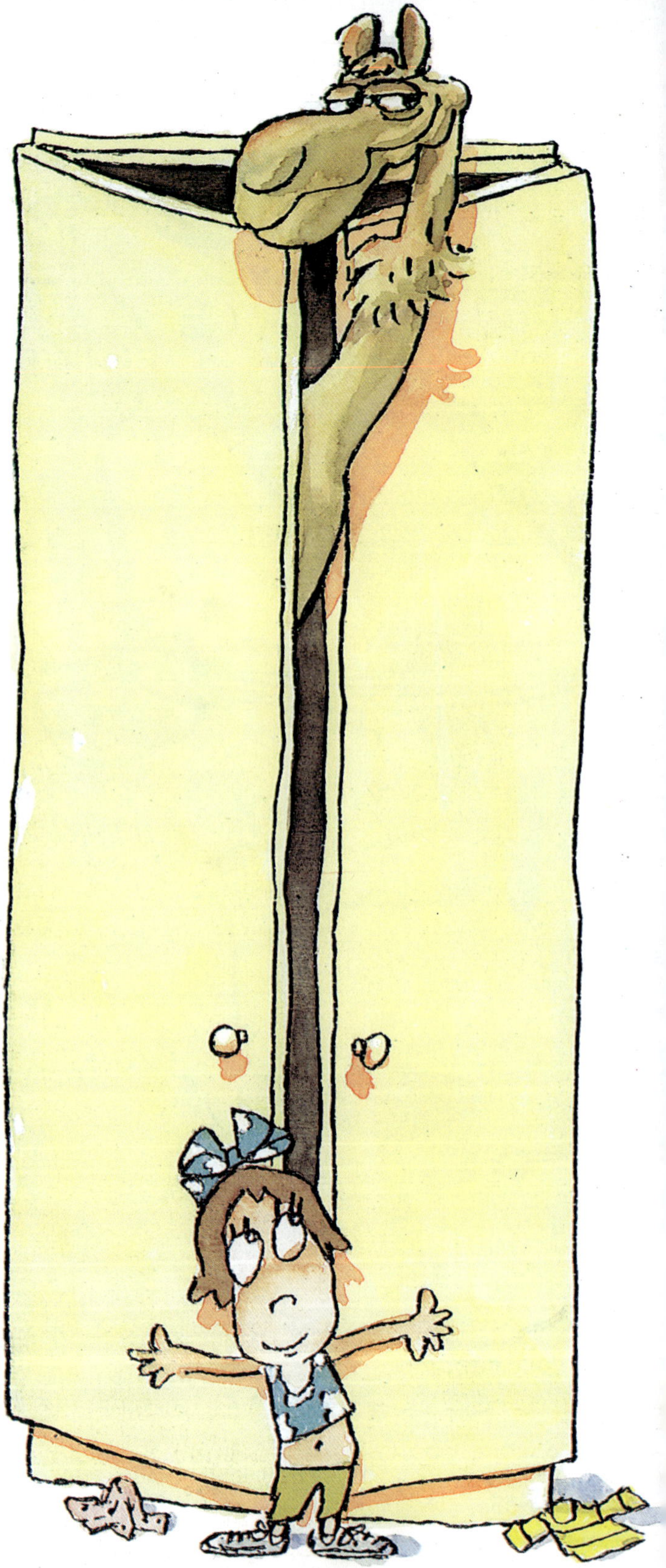

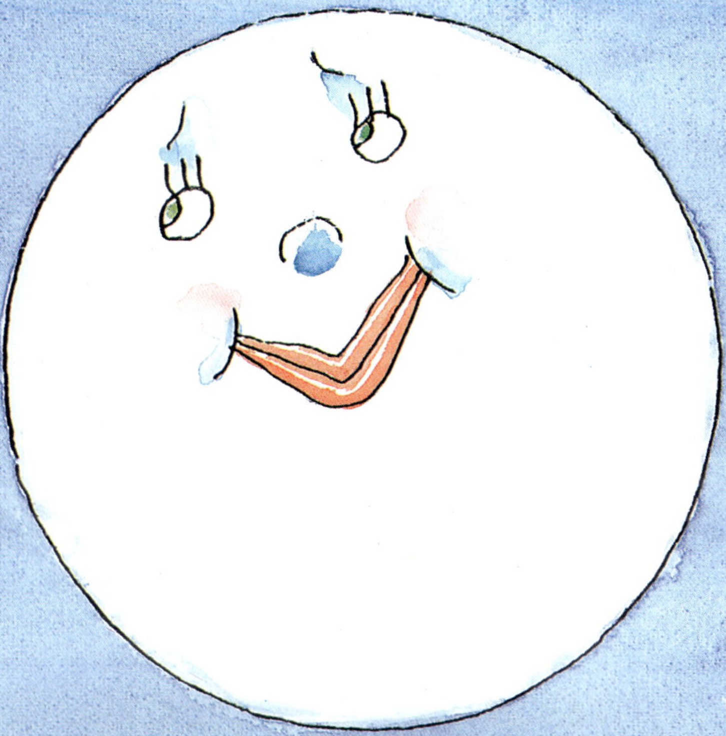

A lua

A lua nova
vai dormir,
de camisola.

Acorda,
de repente,
em um quarto
crescente.

E cheia,
pelo céu
de verão,
passeia.

Encolhe-se,
adiante,
num quarto-
minguante.

Crocodilo

Um crocodilo
do Nilo
chamado Odilo
preferia ser chamado de Odilon.

Um touro zebu
chamado Zé Bu
andava nu
causando um grande rebu.

Uma bruxa
gorducha
indo pra ducha
não se lavou, faltava bucha.

Um dromedário
falsário
perdeu o horário
no avião que seguia pro Cairo.

Um tigre de Bengala
de bengala
ia a Kampala
e só não foi por falta de mala.

De verdade, hein!

Os meninos
&
as meninas
não fofocam
no recreio,
não conversam
durante a aula,
nunca colam
e são loucos
por escola.

Os meninos
&
as meninas
lavam prato
quando comem,
falam baixo
quando brincam,
nunca colam
e são loucos
por escola.

Os meninos
&
as meninas
ficam calados
quando estudam,
arrumam a cama
quando acordam,
nunca colam
e são loucos
por escola.

Falando sério, hein!

Fico cheio de tremeliques

Se você demora sua mão nas minhas,
fico cheio de tremeliques;
Se o telefone toca durante a noite,
fico cheio de tremeliques;
Se o telefone não toca durante a noite,
fico cheio de tremeliques;
Se você esquece o seu olhar no meu,
fico cheio de tremeliques;
Se a sua risada explode clara,
fico cheio de tremeliques;
Se fica escuro na sua tristeza,
fico cheio de tremeliques;
Se você se afasta de mim,
fico cheio de tremeliques;
Se eu me afasto de você,
fico cheio de tremeliques;
E quando você me abraça,
fico cheio de tremeliques.

Estou morrendo de tremeliques!

Quando eu era pequenino

Quando eu era pequenino
minha mãe me dava leite,
mas agora que sou grande
minha mãe me dá porrete.

Quando eu era pequenino
vivia de pernas pro ar,
mas agora que sou grande
só me mandam trabalhar.

Quando eu era pequenino
vivia a jogar bola,
mas agora que sou grande
"menino, vá pra escola!"

Quando eu era pequenino
meu pai me dava doce,
mas agora que sou grande
doce que era bem doce, acabou-se.

Quando eu era pequenino
comia o peito e a coxinha,
mas agora que sou grande
só como o pé da galinha.

Quando eu era pequenino
todo mundo me dava beijo,
mas agora que sou grande
a vaca já foi pro brejo.

Muuuuu!

O louco da Redenção

Eu sou o louco
do Parque da Redenção.

Pulo corda sem ter corda
e acordo a escuridão.

Eu sou o louco
do Parque da Redenção.

De noite sou um cardume
nadando sem direção.

Eu sou o louco
do Parque da Redenção.

Bumerangues, rodopios,
uma estrela em cada mão.

Eu sou o louco
do Parque da Redenção.

Do quarto eu sou a cama
e do sótão sou o porão.

Eu sou o louco
do Parque da Redenção.

Se dizem que sou louco,
eu finjo que sou são.

Eu, São Louco,
o santo da Redenção.

Três portas

No mar existem três portas,
três portas existem no mar.

A primeira tem um peixe n.1.
A segunda, o peixe n. 2.
A terceira, o peixe n. 3.

Peixe n.1, nada comigo,
Nada comigo, na escuridão,
Rosa com cravo, cravo com rosa,
Cravo, rosa e manjericão.

Peixe dois, me dá um beijo,
Me dá um beijo, abre portão,
Beijo e abraço, abraço e beijo
E pétalas rubras jogadas no chão.

Peixe três, me dá um abraço,
me leva em ondas que vêm e vão,
fica comigo, comigo fica,
os dias passam, fim de estação.

A gosto

Só
não
gosto
de
agosto:
mês
sem
gosto,
nunca
a gosto.

Flor amarela

Quem é a menina
de fita amarela
que veio de longe
de uma estrela?

Quem é a menina
– não sei descrevê-la –
navega no pampa
de trigo e de hera?

Quem é a menina
que dança tão bela
sobre um cavalo
selvagem sem sela?

Quem é a menina,
bonita menina,
brincando no abismo
de cabra-cega?

As ovelhinhas

Nasce o sol na neblina
e mamãe está fora ainda.

A trilha entre os barrancos
dá num barulho de tiros.

Os edifícios lá longe
são varejeiras de vidro.

E as ovelhinhas do medo
estão sozinhas, balindo.

A menininha

Era uma vez
uma menininha
que por não ter par,
dançava sozinha.

requitibum
tum tum
requitibum
tum tum

Essa menina
gostava de danças,
mas só dançava
com suas lembranças.

requitibum
tum tum
requitibum
tum tum

A menina dança
ao ritmo de um som,
apenas com a lua
e a luz do *néon*.

requitibum
tum tum
requitibum
tum tum

Menina bonita,
eu quero entrar,
danço contigo
à luz do luar!

requitibum
tum tum
requitibum
tum tum

Bia e Pio

Pio, sem pios,
dizia pra Bia:
"Pingam na pia
pencas de pingos!"

Bia arrepia:
"O bico do pinto
é pingue de pios
e piam na pia
pingos e pingos".

E Pio arrepia:
"Pingam da pipa
pingos de pinga
e bicam a pipa
os pintos aos pios".

E Bia, na pia,
espia o Pio:
e na nuca a penugem
já se arrepia.

Pio, sem pios,
também arrepia:
com os pingos da pia
e os pios de Bia.

Ah, Pio e Bia!

Um ovo

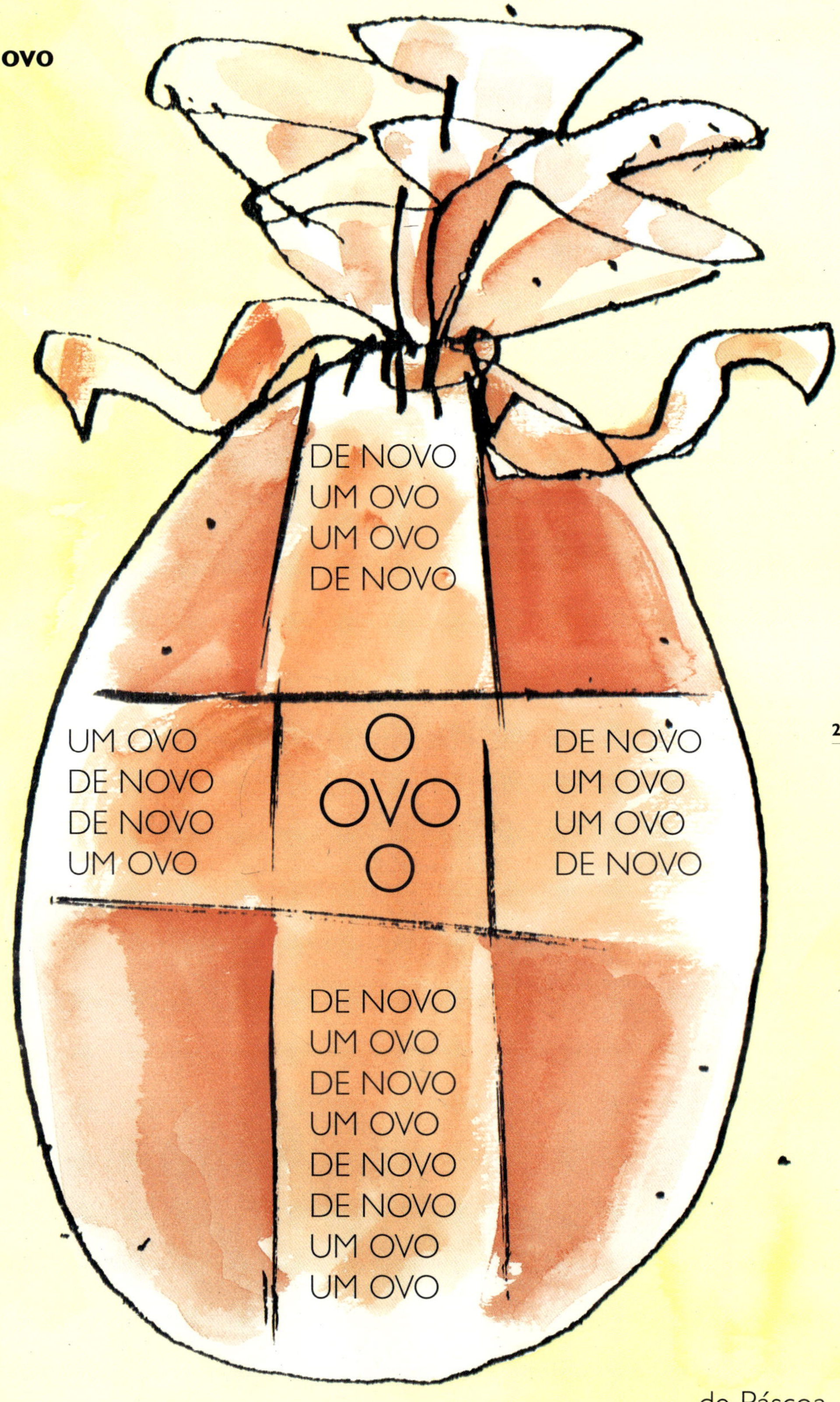

DE NOVO
UM OVO
UM OVO
DE NOVO

UM OVO
DE NOVO
DE NOVO
UM OVO

O
OVO
O

DE NOVO
UM OVO
UM OVO
DE NOVO

DE NOVO
UM OVO
DE NOVO
UM OVO
DE NOVO
DE NOVO
UM OVO
UM OVO

de Páscoa

Catando marinheiros

Mamãe e eu
entramos no mar
de grãos de arroz
sobre a mesa.

Os marinheiros pedem ajuda
com medo de serem salvos.
Que bobões!
Eu os retiro, um por um,
e os ponho na gamela.

Mamãe invoca Santa Lúcia
e amontoa os marinheiros na praia,
uns sobre os outros. E ninguém reclama.
Comparo os montes. Tenho mais do que ela.
Coitada, de vista fraca,
ela ultimamente recebe cartas
e as lê devagar, acompanhando as letras
com o dedo.
Como agora, tateando as ondas encrespadas.

* * *

Diacho, escapou um!
Acudo mamãe.
Está aqui, é dos grandes.

* * *

Mamãe enche as mãos em concha
e despeja punhados de mar na gamela boa.
Outros mares espraiam-se
sobre a mesa.

* * *

Mais tarde, quando anoitece na Vila Taboca,
não distinguimos nem mar nem marinheiros
mas recomeçamos a busca,
puxando os infelizes.

* * *

Às vezes, na rua, passa uma jamanta.
A casa estremece.
A louça da cristaleira também estremece.
Com tanto marinheiro, não posso ir ao
portão,
admirar os freios bufando,
os metais tinindo.

Até o mar desgostoso se encapela,
esbravejando sobre a mesa,
por não poder olhar pela janela.
Um marinheiro levanta o braço:
– A senhora poderia...
– Que mané senhora que nada!
Se não pode, não pode, uai!

Vixe, outro marinheiro ali, tremendo de frio!

* * *

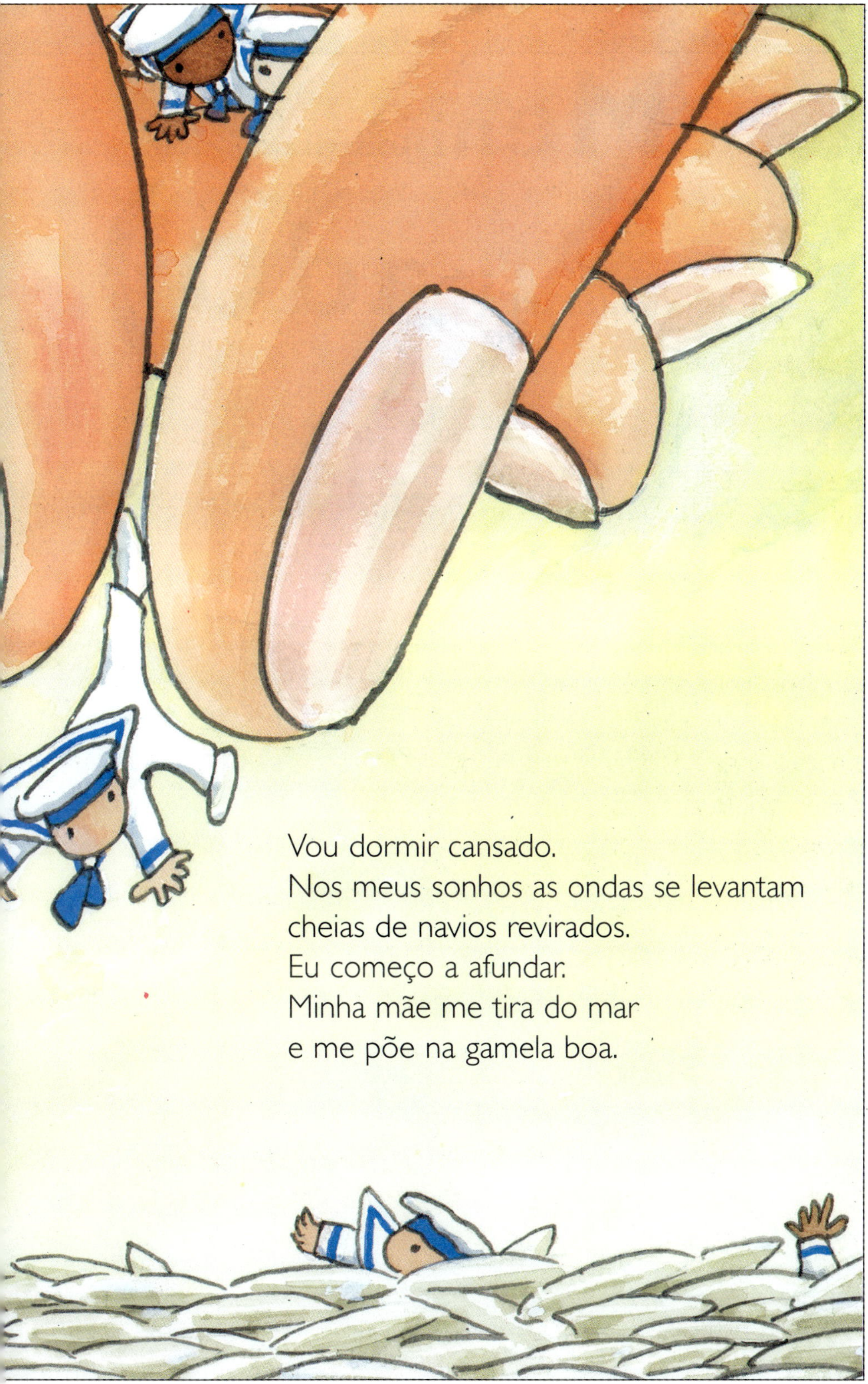

Vou dormir cansado.
Nos meus sonhos as ondas se levantam
cheias de navios revirados.
Eu começo a afundar.
Minha mãe me tira do mar
e me põe na gamela boa.

Menino irritado (muito irritado)

ding dong ding dong ding dong
dum dum dum
ding dong ding dong ding dong
dum dum dum

cronch CRACH crich CRUNCH
vvvrrrrruuuuunnnnnnnn!
vvvrrrrruuuuunnnnnnnn!
crinch CRANCH croch CRUNCH

tsst, tssst, tssst, tsst zoooommp
rec rec pim piec
rec rec pim piec
tsst, tsst, tsst, tst, tstzuuuummp

Ding dong ding dong ding dong
bbzbzbzbzbzbzbzb
bzzzbzzzzzz
b z z z z b z z z z z z
z z z z
z z
z

Paisagem

No Restaurante do Bixiga
na entrada
um ajudante de cozinha
de cozinha
na entrada
entrega colheres de sopa, duas,
duas, entrega colheres de sopa, duas,
duas
a dois velhinhos
sem dentes.

Traças de regime

As traças gostam de suspense:
leem com cuidado
e de olhos fechados.

Se estão com pressa,
comem sanduíches de escritores importantes,
Cecília Meireles, Lígia Bojunga,
Hesíodo e os deuses gregos.

Elas dão conselhos:
"As histórias lacrimejantes são melhores
porque facilitam a digestão".

E estamos conversados!

Traças iletradas são sem cerimônia:
comem heróis, heroínas, enredos,
e no fim devoram o autor.

Ah, as traças, como evitá-las?
Comem Mário Quintana, devoram os dois
Veríssimos
(pai e filho)
e, de sobremesa, encomendam escritores bem
românticos.

Olha, lá vai uma arrotando Lobato.

Não estão
nastodontes bípedes?
volte o Tamanho. Mas
para mim...
Sim, Emília
pensando.
fazer uma consulta aos
voltar ao tamanho antigo
Lá no
fica
rque
simp
Os ins
m e r
home
para
lizar-se
nova
E resolveu:
remos uma
se a maioria
tal Casa
S m d
a r g z f
m o i 32

Sérgio Capparelli nasceu em Uberlândia, Minas Gerais, em 1947. Trabalhou como jornalista e foi professor da UFRGS. É autor de mais de trinta livros, entre os quais *Os meninos da Rua da Praia* (1978), *As meninas da Praça da Alfândega* (1994) e *30 fábulas contemporâneas para crianças* (2008), todos publicados pela L&PM Editores.

Recebeu quatro vezes o prêmio Jabuti, além de dois prêmios Odilo Costa Filho e vários Selo de Ouro da Fundação Nacional do Livro Infantil e Juvenil (FNLIJ). Viveu na China de 2004 a 2007. Hoje mora entre a Itália e São Paulo.

Alcy nasceu e vive em São Paulo. Há muitos anos publica charges e cartuns em jornais e revistas de São Paulo e Rio de Janeiro. Também há muitos anos cria projetos de livros para diversos editores.

Ele gosta mesmo é de fazer desenho de humor. E, como sabe que criança gosta de desenho engraçado, ilustra livros infantis com alegria. Ilustrou alguns dos mais conhecidos autores brasileiros.

Os poemas deste livro, cheios de humor, o tocaram vivamente. Com seus desenhos espera ter contribuído para o prazer do jovem leitor.